Tadpole Books are published by Jump!, 5357 Penn Avenue South, Minneapolis, MN 55419, www.jumplibrary.com

Editor: Jenna Trnka **Designer:** Anna Peterson **Translator:** Annette Granat

Photo Credits: Larissa Veronesi/Getty, cover; Nattapon B/Shutterstock, 1; Secheltgirl/Shutterstock, 2–3, 16tl; robinimages2013/Shutterstock, 4–5, 16br; borchee/iStock, 6–7, 16tr; dpetrakov/iStock, 8–9, 16tm; picturepartners/Shutterstock, 10 (dandelions); David Carillet/Shutterstock, 10 (seeds), 16bl; Lopatin Anton/Shutterstock, 11; Photobank gallery/Shutterstock, 12–13, 16bm; bartzuza/Shutterstock, 14–15.

Library of Congress Cataloging-in-Publication Data
Names: Kenan, Tessa, author.
Title: Ventoso / por Tessa Kenan.
Other titles: Windy. Spanish
Description: (Tadpole edition). | Minneapolis, MN : Jump!, Inc., (2018) | Series: Informe del tiempo | Includes index.
Identifiers: LCCN 2018010733 (print) | LCCN 2018012313 (ebook) | ISBN 9781641280815 (ebook) | ISBN 9781641280808 (hardcover : alk. paper)
Subjects: LCSH: Winds—Juvenile literature. | Weather—Juvenile literature. Classification: LCC QC931.4 (ebook) | LCC QC931.4 .K4618 2018 (print) | DDC 551.51/8—dc23
LC record available at https://lccn.loc.gov/2018010733

INFORME DEL TIEMPO

VENTOSO

por Tessa Kenan

TABLA DE CONTENIDO

tadpole books

VENTOSO

¿Sientes eso?

Está ventoso.

El viento sopla.

Mueve las hojas.

El viento sopla.

Mueve la bandera.

El viento sopla las semillas.

Ellas crecerán.

El viento sopla.

El viento está fuerte.

¡Agárrate!

REPASO DE PALABRAS

bandera

fuerte

hojas

semillas

sientes

ventoso

ÍNDICE